Sainte Louise de Marillac

Illustrations de Augusta Curreli

Signe

Éditeur :
Éditions du Signe
1 rue Alfred Kastler - B.P. 98094 - Eckbolsheim
67038 Strasbourg Cedex 2 - France
Tél. : 03 88 78 91 91
info@editionsdusigne.fr
www.editionsdusigne.fr
Editions du Signe

Texte :
Sœur Marie Geneviève Roux
Sœur Elisabeth Charpy

Illustrations :
Augusta Curreli

Mise en page :
Éditions du Signe - 104474

ISSN : 1275-5230
ISBN : 978-2-7468-0573-6
Déposé au Ministère de la Justice
à la date de la mise en vente.
Loi N° 49-956 du 16.07.1949
sur les publications destinées à la jeunesse.

Imprimé en U.E.

Dans ce livre, tu vas rencontrer une petite fille qui a beaucoup souffert. Elle aurait pu perdre courage... Mais non !

Tu connais sûrement des enfants ou des grandes personnes qui ont des difficultés pour vivre... Toi peut-être ?

Louise de Marillac nous montre un chemin d'espérance.
Essaie de découvrir :

- *comment Louise a pu surmonter les handicaps de son enfance et de sa jeunesse...*

- *comment, appuyée sur la confiance en Dieu, elle a ouvert son cœur à toutes les détresses...*

- *et comment, avec d'autres femmes, elle a inventé des solutions pour vaincre la misère.*

Ouvre et lis !

Sœur Juana Elizondo
Fille de la Charité

Poissy, une ville historique, qui garde encore des vestiges de son passé.

À la fin du XVIe siècle, près de l'église Notre-Dame où le roi saint Louis reçut le baptême en 1214, s'élevait le grand couvent des Religieuses Dominicaines qu'il avait fondé.

Un jour de l'année 1594, la grande porte du monastère royal s'ouvre pour accueillir une nouvelle pensionnaire, une petite fille de 3 ans. Elle s'appelle Louise de Marillac.

Sa grand-tante, religieuse dans ce monastère, connaît sa situation familiale. Les parents de Louise ne sont pas mariés et sa maman l'a abandonnée. Louise ne connaîtra donc jamais la tendresse d'une mère et la joie d'une vie en famille, même lorsque quelques années plus tard son père épouse une veuve, mère de trois enfants. Louise ne sera en effet jamais accueillie par sa belle-mère.

Cependant Louise a une enfance heureuse. Les religieuses aiment l'enfant et veillent à son éducation. Louise apprend à lire, à écrire, à peindre, et aussi à prier et à connaître Dieu.

« De Marillac », le nom de famille de Louise, est un nom très connu dans le monde politique.
Pendant le règne de Louis XIII et le gouvernement de Richelieu, les oncles de Louise occupent des postes importants. Michel est garde des Sceaux, Louis, maréchal de France, Doni d'Attichy, leur beau-frère, ministre des Finances.

Toutefois tous appartiennent à un parti politique puissant, « le parti Dévot ou des bons chrétiens », opposé à la politique du premier ministre Richelieu.

Cette famille si influente ne s'occupe pas de Louise qui, à 13 ans, quitte les Sœurs de Poissy pour un foyer de jeunes filles à Paris.

Ce foyer connaît des difficultés financières.
- Madame la directrice, vous avez l'air soucieuse !
- Oui, Louise, l'argent manque. Nous avons des dettes et les fournisseurs réclament !
- Ne vous faites pas de souci, j'ai une idée !

- Jeanne, Catherine, Marguerite, venez vite ! Il faut faire quelque chose !
- Qu'est-ce qui se passe ?
- Il n'y a plus d'argent et il faut aider notre directrice ! Je vous propose de faire de la dentelle et d'aller la vendre.
- Et on donnera l'argent à la directrice ?
- Bien sûr ! Il faut l'aider.

Le début du XVIIe siècle est marqué par un renouveau religieux. De nombreuses manifestations ont lieu à Paris : processions dans les rues, célébrations à la cathédrale Notre-Dame. De nouvelles congrégations religieuses s'installent dans la capitale.

Louise est enthousiasmée. Pendant toute son enfance, l’amour de Dieu a grandi dans son cœur. Elle voudrait être religieuse dans un monastère. Son rêve va-t-il enfin pouvoir se réaliser ?

Lorsqu'elle a environ 20 ans, Louise rencontre le Père de Champigny, supérieur des Capucins et ami de son oncle Michel de Marillac.

- Mon Père, je désire entrer au couvent des Religieuses Capucines de la rue Saint-Honoré.
- Votre oncle m'en a parlé. Mais vous avez une santé fragile. Vous ne pourrez pas supporter la vie rigoureuse du couvent !
- Mon Père, j'ai promis à Dieu de lui consacrer ma vie.
- Non, Louise, ce n'est pas ce que Dieu veut. Il a un autre projet pour vous.

À Paris, dans sa maison, Michel de Marillac discute avec sa sœur Valence et son beau-frère Doni d'Attichy.
- Michel, avez-vous vu la tristesse de Louise ?
- Oui, je lui ai fait rencontrer le Père de Champigny. Son refus l'a profondément déçue.
- Que va-t-elle devenir ?
- Il faudrait la marier. Mais qui acceptera une fille sans dot ?
- Elle a beaucoup souffert, il faut lui trouver un bon mari.

Le 5 février 1613, les cloches de l'église Saint-Gervais de Paris carillonnent : Antoine Le Gras, secrétaire au ministère des Finances, et Louise de Marillac se marient.

Louise maintenant portera le nom de Mademoiselle Le Gras. Puisqu'Antoine n'appartient pas à la noblesse, on ne peut pas appeler son épouse, Madame. Mademoiselle Le Gras voit s'ouvrir devant elle une route de bonheur : vie de famille qu'elle découvre, rencontres avec d'autres jeunes couples, et surtout, naissance et baptême de son fils Michel.

Cependant des nuages viennent de temps en temps obscurcir la joie dans le cœur de Louise. Antoine est malade, Michel est lent et instable.
« Pourquoi ? » se demande-t-elle. « N'est-ce pas de ma faute ? Est-ce que j'ai bien fait ce que Dieu voulait ? »
Et les petits nuages deviennent une grande nuit d'orage. Mademoiselle Le Gras plonge dans la dépression et le doute.

Elle va régulièrement prier Jésus à l'église Saint-Nicolas-des-Champs, proche de chez elle. Un jour de Pentecôte, elle crie son angoisse : « Pourquoi, Seigneur, es-tu si loin ? Ne me repousse pas, viens à mon aide ! »

Et soudain, une Lumière envahit son cœur : « Dans ton Amour, Seigneur, tu m'as fortifiée. J'ai confiance, je n'ai plus de crainte. »

Louise comprend qu'un jour, une nouvelle route s'ouvrira devant elle. Mais elle ne voit pas comment cela se réalisera. C'était le 4 juin 1623.

À la maison, la vie devient de plus en plus difficile. Son mari ne sort presque plus, sa maladie s'aggrave. Son fils, Michel, est tendu, pose des questions sur l'avenir. Comment, à 12 ans, imaginer la mort de son père ? Quelques jours avant Noël 1625, Louise, en larmes, apprend à son fils la mort de son papa.

Et tout semble basculer ! Cette mort entraîne la perte de l'unique salaire. Le manque d'argent oblige Louise et son fils à déménager dans un logement moins cher. Mais surtout, Louise se retrouve seule et elle se pose à nouveau la question de la volonté de Dieu.

Désorientée, elle cherche sa route. C'est alors qu'elle rencontre un prêtre tout dévoué au service des pauvres, Vincent de Paul.

« Mademoiselle, j'ai promis un secours à une famille qui n'a plus rien. Puis-je vous demander d'aller le porter ? » - « Mademoiselle, j'ai besoin de chemises pour des Galériens de la Tour Saint-Bernard : ils sont malades. Pourriez-vous les tailler et les coudre avec Isabelle, votre cousine ? »

Un nouveau tournant s'amorce dans la vie de Mademoiselle Le Gras.

Vincent de Paul est dynamique et inventif.
Dans les villages autour de Paris, il a organisé les Confréries de la Charité, petites équipes de Dames qui visitent les malades sans ressources.

Pour accompagner ces équipes dont le travail est parfois difficile, Monsieur Vincent fait appel à Mademoiselle Le Gras. Par tous les temps, à pied, en coche ou à cheval, elle parcourt routes et chemins. Sa cordialité, sa compétence, sa délicatesse font merveille.

Louise semble avoir trouvé sa route. Mais de nouvelles souffrances s'annoncent pour elle. En effet, à Paris, les rivalités politiques s'accentuent. Le Parti Dévot prépare un complot contre Richelieu, avec l'accord de la reine Marie de Médicis. Michel de Marillac, l'oncle de Louise, est proposé comme premier ministre.

Le coup d'État doit avoir lieu le 10 novembre 1630. Mais Richelieu en a connaissance et rapidement il reprend le pouvoir.

Michel de Marillac est arrêté, emprisonné à Châteaudun où il meurt deux ans plus tard. Louis de Marillac, le maréchal, un autre oncle de Louise, est arrêté lui aussi. Il sera décapité en mai 1632 sur la place de l'Hôtel de Ville à Paris.
Des nuages noirs envahissent à nouveau le cœur de Louise de Marillac : « Pourquoi, Seigneur, pourquoi ? »

Cependant la douleur ne ferme pas son cœur. On a besoin d'elle pour mettre en route des Confréries dans les paroisses de Paris. Louise conseille, encourage. Un élan de charité anime les Dames de la haute noblesse. Elles sont nombreuses à s'engager pour aller visiter les pauvres.

- Madame, d'où venez-vous dans un tel état ? Voyez votre robe froissée et vos souliers couverts de boue !
- Monsieur, je suis allée visiter les pauvres de la Confrérie de la Charité. La marmite de soupe était lourde à porter.
- Mais Madame, vous avez des domestiques pour faire ce travail !
Hélas, les domestiques de ces Dames, quand on les envoie porter la soupe, se contentent d'exécuter les ordres. Ils ne sont pas motivés par la charité et les pauvres ne perçoivent ni tendresse ni amour.

Au cours d'une mission à Suresnes, Marguerite Naseau, une femme de la campagne, vient trouver Monsieur Vincent. Elle se propose pour aller soigner les pauvres à Paris. Monsieur Vincent est tout heureux, il a compris que Marguerite aime ceux qui souffrent. Il l'envoie à Louise de Marillac qui lui explique le travail à faire.

D'autres jeunes paysannes, pleines d'enthousiasme, se présentent à leur tour. Elles vont dans les différentes paroisses de Paris.

Devant ce petit groupe, Louise s'interroge : « Comment accueillir et aider ces jeunes ? Faut-il les réunir ? Où ? » Elle se souvient du jour de Pentecôte où elle avait entrevu une route nouvelle.

Aussi n'hésite-t-elle pas à parler un jour à Vincent de Paul de son intuition :
- Monsieur, le travail de ces jeunes paysannes est remarquable. Pauvres d'argent, elles sont riches de bon sens, de courage, de délicatesse.
- Oui, Marguerite Naseau leur a bien montré le chemin. Combien j'ai pleuré sa mort lors de l'épidémie de peste.

- Monsieur, il me semble que Dieu veut que nous les réunissions en une communauté pour mieux les former, car le service des pauvres est exigeant.
- Mais, Mademoiselle, pour servir les pauvres, ces filles doivent aller et venir dans les rues ! Peut-on les rassembler en communauté, hors d'un monastère ? On n'a jamais vu cela !
- Et pourquoi pas ?
- Prions Dieu de nous indiquer la route.

Le 29 novembre 1633, Marie, Nicole, Jeanne, Jacqueline et Henriette se rassemblent autour de Louise de Marillac, dans sa maison. C'est un vrai changement de vie, accepté avec joie. La Communauté des Filles de la Charité est née.

Sous la conduite de Louise, les nouvelles Sœurs prient, lisent l'Évangile, se forment pour bien soigner les malades. Monsieur Vincent les rencontre souvent :

- Comme les Apôtres, vous avez été appelées à la suite de Jésus. Servez les pauvres de tout votre cœur et montrez-leur que Dieu les aime.

Le XVIIe siècle est un temps de grande misère en France. On meurt de faim, on meurt de froid, on meurt de la peste.

Et puis il y a la guerre, une longue guerre qui n'en finit pas de bouleverser l'Europe et de jeter sur les routes de longues files de réfugiés.

Comment redonner vie et espoir à tous ces malheureux ? En accord avec Vincent de Paul, Louise envoie les Sœurs partout où les pauvres souffrent.
- Mes Sœurs, vous êtes servantes des pauvres, aimez-les tendrement, respectez-les fortement, regardez-les avec les yeux de Jésus, ne les jugez pas, ne les condamnez pas.

Louise apprend aux Sœurs à réagir contre la mentalité de leur temps, à ne pas forcément penser ce que tout le monde pense.
C'est triste de voir que les enfants abandonnés sous les porches des églises ou au coin d'une rue sont méprisés et rejetés par la société comme des parias. Ils n'ont aucun droit.

Pour Louise, les enfants trouvés ont le droit de vivre, d'être nourris, éduqués, aimés. C'est justice ! Ils sont enfants de Dieu !
C'est pourquoi Monsieur Vincent n'hésite pas à les lui confier :
- Mademoiselle, cet enfant a été ramassé ce matin à la porte de notre maison. Voulez-vous en prendre soin avec les Sœurs ?

Pour ces enfants, Louise recherche des nourrices à la campagne, organise le placement familial des petits, l'école et l'apprentissage d'un métier pour les plus grands. Elle est pionnière dans le service social et elle partage ses convictions avec les Sœurs qui vont devenir de bonnes éducatrices.

Les temps sont durs. Mais que peut-on faire seul devant tant de misère ? Alors Vincent de Paul et Louise de Marillac établissent de véritables réseaux de secours. Dames de la Charité, Filles de la Charité, Prêtres de la Mission mais aussi administrateurs des villes, des hôpitaux, évêques, chacun partage ce qu'il a : son argent, ses informations, ses relations, son temps, ses bras, mais surtout son cœur.

Les Filles de la Charité, d'abord établies dans les paroisses de Paris, se répandent dans le Royaume de France et même en Pologne. Louise prépare avec soin leur départ : elle les réunit, les conseille. Elle souhaite que ces petites communautés, partant au loin, soient des foyers d'amour qui révéleront la tendresse de Dieu.

Régulièrement Louise écrit aux Sœurs et les visite. Dans la nouvelle ville que Richelieu avait fait construire, et qui porte aujourd'hui son nom, les deux Sœurs envoyées pour soigner les malades chez eux et instruire les petites filles pauvres ont du mal à s'entendre.
« Ma Sœur Barbe, n'êtes-vous pas trop sévère à l'égard de Sœur Nicole ? »
« Et vous, ma Sœur Nicole, pourquoi parlez-vous si peu avec Sœur Barbe ? »
« Ayez le cœur ouvert l'une à l'autre et réconciliez-vous. »

À Angers les administrateurs de l'hôpital Saint-Jean ont demandé la présence d'une communauté. Le service des malades est pénible. Le courage et le dynamisme des Sœurs diminuent.

« Où est l'enthousiasme qui vous animait au début ? Où est la bonté que vous devez avoir envers les pauvres malades ? Reprenez courage. Priez Dieu ensemble qu'il vous donne la force d'être de vraies servantes des pauvres. »

Les Sœurs elles-mêmes font part à Louise des difficultés qu'elles rencontrent :

- Mademoiselle, en allant soigner les malades dans les fermes, je rencontre souvent des petites filles qui gardent les vaches. J'ai parlé avec elles. Elles ne savent pas lire et ne connaissent pas leur catéchisme. Ne faut-il pas faire quelque chose pour elles ?

- Prenez le temps de les instruire.
- Il faudrait que j'aille les rencontrer dans les champs ?
- Oui, allez-y. Et n'oubliez pas les petits mendiants qui cherchent leur pain.
- Mais il y en a beaucoup !

- Voyez si vous pouvez les réunir dans une pièce de votre maison.
- Alors, ce sera comme une école ?
- Oui, il est juste d'instruire ces petites filles. Mais surtout soyez patientes avec celles qui sont lentes ou timides. Ne leur faites jamais honte de leur ignorance.
- Mademoiselle, il faudrait que nous ayons un livre de catéchisme pour nous aider.
- Je vais faire, pour vous, une copie de celui que j'ai écrit.

Cependant, n'oublions pas que Louise avait eu un enfant, Michel. Qu'est-il devenu ?
Il a causé beaucoup de soucis à sa mère. Après le Collège, il a pensé devenir prêtre, mais très vite il a renoncé à ce projet. De petits travaux en petits travaux, il a fini par trouver un emploi stable de conseiller à la Cour des Monnaies.

Louise s'inquiétait pour l'avenir de son fils. Son mariage, le 18 janvier 1650, avec Gabrielle Le Clerc est pour elle une joie. Et la naissance de Renée-Louise ravit le cœur de sa grand-mère.

La mort du premier ministre Richelieu en 1642 et du roi Louis XIII en 1643 provoque en France un changement politique important. Le futur roi Louis XIV n'a que 5 ans. Le gouvernement est confié à sa mère Anne d'Autriche qui choisit Mazarin comme premier ministre.

Mazarin, fin diplomate d'origine italienne, n'est pas bien accepté. Pour continuer la guerre entreprise par Richelieu et Louis XIII, il crée de nouveaux impôts, ce qui appauvrit la population.

La révolte gronde. Les neveux de Louise de Marillac font partie des opposants à la politique de Mazarin. Le 26 août 1648, Paris se couvre de barricades. C'est le début de la Fronde, guerre civile qui s'ajoute à la guerre contre l'Autriche et l'Espagne.

La situation s'aggrave. Mazarin emmène le jeune roi et sa mère à Saint-Germain-en-Laye et décide d'affamer les Frondeurs par le blocus de la capitale. Les pauvres meurent de faim.
Avec les Dames de la Charité, Louise met sur pied tout un réseau de solidarité pour trouver de la nourriture. Des soupes populaires s'organisent dans les paroisses de Paris. Chaque jour, les Sœurs distribuent plus de trois mille repas aux affamés.

Le temps passe et peu à peu la division s'installe entre les Frondeurs. La population souhaite la paix. Le retour du Roi et de la Reine à Paris le 21 octobre 1652 marque la fin de la Fronde.

Mais la guerre avec l'étranger se poursuit au nord et à l'est de la France. La reine Anne d'Autriche demande à Louise de Marillac et à Monsieur Vincent d'envoyer des Filles de la Charité soigner les soldats blessés sur les champs de bataille.

Quatre Sœurs partent à Calais rejoindre les 500 blessés entassés dans un hôpital de campagne. Une épidémie se propage : deux des Sœurs meurent en quinze jours.
Dès la nouvelle connue à Paris, d'autres se portent volontaires pour partir et, à nouveau, quatre Sœurs rejoignent Calais.

À Châlons-sur-Marne, une Sœur relevant un soldat blessé reçoit un éclat d'obus dans la jambe. Les autres poursuivent ce rude service. Par lettres, Vincent et Louise soutiennent leur courage : « Vous réparez ce que la guerre détruit. Soyez pleines de douceur et de compassion pour ces soldats. Guérissez leurs blessures ou aidez-les à mourir en paix. »

Au cœur d'une activité débordante, Louise de Marillac sait prendre du temps pour rencontrer Dieu dans la prière et l'Eucharistie. Elle grandit dans son intimité. « Vivre tant qu'il vous plaira, ô Jésus, mais de votre vie qui est toute d'amour. »

Louise aime contempler en Marie celle qui a su dire « oui » à Dieu, celle qui a donné au monde son Fils Jésus. Elle lui demande de guider les Sœurs sur un chemin d'accueil et de disponibilité aux appels des pauvres.

Depuis de longues années, la santé de Louise de Marillac donne du souci à son entourage. Les Sœurs savent que seules sa force de caractère et sa foi lui permettent d'assumer ses responsabilités.
Le 14 mars 1660, Louise, très fatiguée, reçoit le sacrement des malades. De nombreuses Sœurs, son fils, sa belle-fille et sa petite-fille Renée-Louise, ainsi que quelques Dames de la Charité l'entourent et prient avec elle.
Elle livre aux Sœurs le fruit de son expérience, le message d'amour qui doit animer leur vie :
- Ayez bien soin du service des pauvres. Soyez bien unies entre vous et priez bien la Sainte Vierge.

Le lendemain, 15 mars, Louise meurt dans la paix du Seigneur de la Charité qu'elle n'a cessé d'aimer et de servir.

Aujourd'hui, dans tous les continents, de nombreuses jeunes filles entendent ce même appel à servir Dieu dans les pauvres.

Elles disent, en de multiples langues et par le témoignage de leur vie, ce message d'amour, proclamé par Jésus à ses disciples :
« Aimez-vous les uns les autres comme je vous ai aimés. Ce que vous avez fait au plus petit de mes frères, c'est à moi que vous l'avez fait. »

Pour mieux comprendre la vie de

Sainte Louise de Marillac

Blocus

C'est le fait de couper toute communication d'une ville ou d'un pays avec l'extérieur et d'empêcher l'arrivée de nourriture et autres produits nécessaires à la vie.

Capucines

Religieuses suivant la règle de saint François d'Assise. Elles vivent dans un monastère.

Confréries

Nom donné aux associations chrétiennes au XVIIe siècle.

Congrégations religieuses

Groupement de religieuses. On dit aussi Ordre religieux.

Mission

Projet confié à une personne. Ce mot désigne aussi un ensemble de réunions faites dans un village par des prêtres pour faire connaître la Bonne Nouvelle de l'Évangile.

Monastère

Ensemble de bâtiments avec jardins, entouré de murs. Les religieux ou religieuses qui y vivent sont appelés moines (moniales) et n'ont pas d'activité à l'extérieur.

Paria

Personne méprisée, rejetée par la société.

Parti Dévot

Parti politique qui regroupait, au XVIIe siècle, des chrétiens, et défendait une société basée sur les valeurs de l'Évangile.

Peste

Maladie très contagieuse et bien souvent mortelle.

Sceaux

Cachet officiel avec les armes ou la devise du roi ou de l'État. Voir *Garde des Sceaux*.

Prière

Seigneur Jésus
Aide-moi à vivre et à agir comme Toi.

Tu nous as dit
d'être au service des autres
et non pas de chercher à être servis.

Apprends-moi
à savoir accueillir comme Toi,
à être attentif à tous,
spécialement à ceux qui m'entourent.

Moi aussi, je voudrais aimer et respecter
ceux que je rencontre,
en particulier
ceux qui sont faibles et rejetés.

Ta vie, ta mort et ta résurrection
me disent aujourd'hui
ton grand amour pour toute personne.

Amen.

Prière inspirée des écrits de Louise de Marillac